CONSTRUCCIÓN DE BIODIGESTORES TIPO LAGUNA PARA EL SECTOR AGROPECUARIO

OSCAR H.

Segunda Edición: Noviembre 2025

Digestión Anaerobia y Bioquímica del Biogás

OSCAR H. GARCIA

Titulo de la obra: Construcción de Biodigestores tipo laguna para el sector Agropecuario

Subtitulo: Digestión Anaerobia y Bioquímica del Biogás

Edición: Segunda edición

Año: 2025

Lugar de edición: México

Portada y Diseño interior:
Oscar Adrián Hernández García

**Copyright © 2026
Todos los derechos reservados.**

Derechos de autor: Todos los contenidos conceptuales, gráficos, metodológicos y técnicos incluidos en esta obra están protegidos por la legislación vigente.
Queda prohibida cualquier reproducción total o parcial sin autorización expresa del autor.

Oscar Adrián Hernández García
 PRMS Architecture Lab
ORCID iD: https://orcid.org/0009-0005-2474-4834

This work is part of the Renewable Horizons editorial collection (2021–2026), forming the foundational corpus of the PRMS Architecture Lab
ISBN:9798525849525
DOI: 10.5281/zenodo.19924762
DOI registered in Zenodo repository.
Persistent identifier for citation and academic referencing.

**"VOLUMEN 2 | LA SERIE COMPLETA: 35 VOLÚMENES"
Colección Energías Renovables**

OSCAR H. GARCIA

"ESTE VOLUMEN FORMA PARTE DE UNA COLECCION DE INVESTIGACION DEDICADA AL ESTUDIO INTEGRAL DE LAS ENERGIAS RENOVABLES EN EL AMBITO HISPANOHABLANTE ".

EL MAPA DE LA OBRA

Una Colección Integral de Energías Renovables

Usted tiene en sus manos el **Volumen Dos**, el portal narrativo y la base filosófica de una de las investigaciones más ambiciosas sobre la sostenibilidad del siglo XXI. Esta colección de **35 libros** ha sido diseñada para guiar a la humanidad desde la inspiración de la ciencia ficción hasta la aplicación técnica de la ingeniería.

Del sueño a la técnica. De la técnica a la realidad. Bienvenidos a la era renovable.

LIBRO 0: EL ÚLTIMO RECURSO (Crónicas de la era renovable) *La visión Solarpunk: El mundo que podemos construir.*

LAS SIETE DIVISIONES DE LA TRANSFORMACIÓN

I. INTRODUCCIÓN A LAS ENERGÍAS RENOVABLES *El ABC de la transición: Fundamentos, historia y el despertar global.*

II. BIOMASA Y BIOGÁS: La Joya del Agro *Gestión de residuos orgánicos, ingeniería de biodigestores y bioeconomía circular.*

III. ENERGÍA SOLAR: El Fundamento de la Electrificación *Aprovechamiento térmico, fotovoltaica residencial e integración arquitectónica (BIPV).*

IV. USO DE AGUA: La Gestión del Recurso Hídrico *Captación pluvial, tratamiento de aguas residuales y el nexo agua-alimento.*

V. EFICIENCIA ENERGÉTICA: El Ahorro como Primera Energía *Auditorías, domótica, automatización de invernaderos y optimización del consumo.*

VI. OTRAS ENERGÍAS RENOVABLES: Ampliando el Portafolio *Energía eólica de precisión, hidrógeno verde, geotermia y movilidad sostenible.*

VII. TENDENCIAS DE LAS ENERGÍAS RENOVABLES: La Visión de OSCAR H. *Arquitectura ecológica, ciudades inteligentes y el horizonte energético 2030-2050.*

LIBRO 35: EL ÚLTIMO RECURSO (El Manifiesto Energético) *La síntesis final: Filosofía para una civilización en armonía con el planeta.*

PRÓLOGO TÉCNICO: CONSTRUCCIÓN DE BIODIGESTORES TIPO LAGUNA PARA EL SECTOR AGROPECUARIO, LA JOYA DEL AGRO

El avance hacia una matriz energética sostenible no se construye sobre generalidades, sino sobre la precisión de la ejecución. Si la visión global nos marca el destino, es la técnica específica la que traza el camino. Este volumen se adentra en uno de los pilares fundamentales de nuestra transición: **La Digestión Anaerobia y el aprovechamiento de la Biomasa**.

En el ecosistema del **ÍNDICE MAESTRO**, ningún recurso existe de forma aislada. La gestión de **Biodigestores** no es solo un reto de ingeniería, sino una oportunidad estratégica de integración. Este libro ha sido diseñado para transformar la complejidad técnica en capacidad operativa, ofreciendo al profesional, al estudiante y al tomador de decisiones las herramientas necesarias para convertir el potencial teórico en activos energéticos y financieros reales.

A diferencia de los tratados académicos convencionales, esta obra aborda **Biodigestores** desde una perspectiva multidimensional. Aquí, el rigor de la ciencia se encuentra con la viabilidad del diseño y la eficiencia de la implementación.

Se exploran desde los fundamentos bioquímicos y físicos hasta las normativas de seguridad y los esquemas de rentabilidad, garantizando que cada solución técnica propuesta sea resiliente y escalable.

El conocimiento aquí vertido es un eslabón crítico en la **Lógica Sistémica** de esta colección. Al dominar los procesos descritos en estas páginas, el lector no solo adquiere una especialización técnica, sino que fortalece su capacidad para interactuar con las otras divisiones de la transición energética.

Lo que aquí se aprende sobre **Biodigestores** dialoga directamente con la eficiencia energética, la gestión hídrica y la visión de ciudades sostenibles que articulan el resto de la obra.

1. PRESENTACIÓN

La motivación de este manual técnico es poner a disposición del lector, de manera sintetizada, el potencial para la construcción de Biodigestor en el sector Agropecuario.

La implementación de estos sistemas permite sacar provecho de la materia orgánica que en la industria ganadera se produce y que, en la mayoría de los casos, no se les da ningún valor en el ciclo productivo de la explotación; promoviendo, de este modo, un sistema productivo más sostenible y que permita satisfacer en la medida de lo posible las necesidades energéticas.

Los sistemas de biodigestión anaerobia tipo laguna cubierta, son para tratar los desechos orgánicos, provenientes de las granjas porcinas y establos lecheros, garantizando el manejo, y aprovechamiento del biogás producido durante este proceso, para la obtención de energía eléctrica.

El esquema para el desarrollo del Manual para la Construcción de Sistemas de Biodigestión en el Sector Agropecuario, será un instrumento que permita dar conocimiento respecto a las bondades de este tipo de tecnologías y que puedan ser utilizadas.

El Manual considera desde las condiciones específicas que la unidad productiva debe tener para instrumentar eficientemente este tipo de proyectos, hasta los diferentes componentes con que debe contar el sistema, que permitan llevar a cabo un adecuado seguimiento en su operación.

Esta nueva edición que la llamo de Construcción a Ingeniería Élite de Biodigestores.

La gestión de residuos en el sector agropecuario dejó de ser un problema ambiental para convertirse en el desafío de ingeniería más rentable de la década.

Esta Edición 2025 es la guía definitiva para profesionales y productores que buscan dominar no solo la construcción de sistemas de biodigestión tipo laguna, sino su operación con eficiencia.

Los desechos orgánicos de sus granjas porcinas y establos lecheros son, hoy, la materia prima para un mercado de alto valor. Este manual le entrega el conocimiento para:

1. Garantizar el Cumplimiento Regulatorio frente a la estricta NOM-001-SEMARNAT-2021 y evitar multas.

2. Maximizar el Valor del Biogás al migrar de la generación de energía eléctrica simple a la producción de Biometano (BioGNV), el combustible renovable de mayor valor en el mercado.

3. Implementar la Tecnología IoT y el control predictivo para reducir el Tiempo de Retención Hidráulica (TRH), optimizar la carga orgánica y asegurar la longevidad de su activo.

De la ingeniería de terreno a la automatización de nutrientes, este manual, avalado por la marca OSCAR H., transforma su pasivo ambiental en un centro de ingresos operativos. Es la única guía que lo lleva de la laguna a la rentabilidad."

Aviso de exención de responsabilidad:

Tenga en cuenta que la información contenida en este documento es solo para fines educativos y de entretenimiento. Se han realizado todos los intentos para proporcionar información precisa, actualizada, completa y confiable. Ninguna garantía de ningún tipo esta expresada o implícita. Los lectores reconocen que el autor no participa en la prestación de asesoramiento legal, financiero o. profesional. El contenido de este libro ha sido derivado de varias fuentes. Consulte a un profesional con licencia antes de intentar cualquier técnica descrita en este libro.

Al leer este documento, el lector acepta que bajo ninguna circunstancia el autor es responsable de cualquier perdida, directa o indirecta, en que se incurra como resultado del uso de la información contenida en este documento, incluidos, entre otros, omisiones, o inexactitudes.

INTRODUCCIÓN

El sector agropecuario se encuentra en el epicentro de la transición energética. Lo que históricamente ha sido gestionado como un residuo —un pasivo ambiental con altos costos de disposición y riesgos sanitarios— es, bajo la óptica de la ingeniería moderna, una de las fuentes de energía más estables y rentables: la biomasa orgánica. Este segundo volumen del **ÍNDICE MAESTRO** se dedica exclusivamente a la **Construcción de Biodigestores tipo Laguna**, la tecnología que ha revolucionado la escala industrial y agropecuaria por su eficiencia y viabilidad económica.

La digestión anaerobia no es simplemente un proceso de descomposición; es una coreografía bioquímica precisa.

En este libro, desglosamos la complejidad de este fenómeno para ofrecer una guía de implementación clara.

El contenido ha sido estructurado para llevar al lector desde los fundamentos químicos del biogás hasta la puesta en marcha de sistemas de gran escala, garantizando que el diseño responda tanto a las necesidades energéticas como a las realidades geográficas del sitio de instalación.

ESTRUCTURA DEL VOLUMEN

Para asegurar una ejecución técnica impecable, este manual se divide en cuatro ejes estratégicos:

1. **Fundamentos y Caracterización:** Antes de mover tierra, es imperativo conocer el recurso. Analizamos la clasificación de los sistemas y la bioquímica del influente, permitiendo determinar con precisión el potencial metanogénico de la biomasa disponible.

2. **Ingeniería de Dimensionamiento:** En esta sección se aborda el rigor matemático del sistema. Desde el cálculo del Flujo Volumétrico y el Tiempo de Retención Hidráulica (TRH) hasta la determinación del volumen del biodigestor y la producción estimada de biogás. Es aquí donde la teoría se transforma en dimensiones físicas.

3. **Obra Civil y Componentes:** Detallamos el proceso constructivo paso a paso. Se analizan aspectos críticos como la ubicación, el movimiento de tierras, el uso de geomembranas, los sistemas de agitación y la instalación de filtros de ácido sulfhídrico (H_2S), elementos esenciales para garantizar la vida útil y la eficiencia del sistema.

4. **Protocolos de Seguridad y Gestión de Efluentes:** Un sistema de biodigestión es una planta de gas. Por ello, dedicamos un apartado riguroso a las medidas de seguridad, señalización y el manejo de los efluentes, transformando el residuo procesado en biofertilizante de alta calidad, cerrando así el ciclo de la bioeconomía circular.

EL OBJETIVO OPERATIVO

El propósito de este libro no es solo transmitir conocimiento, sino habilitar la **acción técnica**.

Al finalizar estas páginas, el lector poseerá el criterio de ingeniería necesario para supervisar, diseñar o construir un sistema de biodigestión que convierta a cualquier unidad de producción agropecuaria en un nodo energético autónomo y sostenible.

La biomasa es, sin duda, la joya del agro. Este volumen es la herramienta para extraer su verdadero valor.

2. CLASIFICACIÓN

El sistema de biodigestión anaeróbica al cual aplican estas especificaciones técnicas, es el que procesa residuos orgánicos, de manera general, a través de un biodigestor, y en específico, a los biodigestores tipo laguna cubierta.

3. ESPECIFICACIONES

El sistema de biodigestión anaeróbico, consiste de un proceso centralizado de manejo de excretas, las cuales son enviadas a un biodigestor, con un sistema de agitación y remoción de lodos, una laguna secundaria, un sistema de recolección, conducción y utilización del biogás para generación de energía eléctrica y un quemador.

4. DIMENSIONAMIENTO DEL SISTEMA DE BIODIGESTIÓN

Para el dimensionamiento de los sistemas de biodigestión se considerarán factores, que permitan, en primera instancia, conocer la cantidad real disponible de excretas dentro la unidad productiva, así como una serie de factores que se describirán a continuación, mismos que podrán utilizarse para realizar estimaciones adecuadas de su dimensionamiento, los cuales deberán quedar registrados en las memorias de cálculo que determinen el potencial de producción de biogás del sistema.

Los factores base que deberán considerarse en el dimensionamiento de biodigestores serán:

- Tipo y disponibilidad de la biomasa (excretas porcinas y estiércol bovino)

- Características Físicas, Química y Biológicas de la biomasa

- Aspectos Geográficos de la zona

4.1.1 Determinación de Biomasa

Estos cálculos deberán basarse en la información proveniente de cada caso en particular, por ejemplo, para granjas porcinas, de la estructura y desarrollo de la piara mes con mes, durante el año de operación representativo, en donde se registren los movimientos en la existencia de animales en consideración de los diferentes parámetros zootécnicos , tales como tasas de pariciones, mortalidad, entradas y salidas por compra venta, entre otros.

Asimismo, para el caso de establos, la información provendrá de la estructura del hato dentro de la explotación.

Como referencia, la producción de excretas generadas diariamente por animal por etapa, se podrá estimar haciendo uso de la siguiente fórmula:

$PEe = PAE\ TDE$

Donde:
PE: Producción Diaria de Excretas por cerdo por etapa (Kg/día-animal) PAE: Peso del Animal por Etapa de Desarrollo (Kg/animal)

TDE: Tasa Diaria de Excreción por etapa (%)

El valor de PEe, permite estimar la producción diaria total de excretas por etapa, generadas. dentro de las unidades.

Productivas, por lo que se establecerá la siguiente relación:

$PDT = PE^* PAT$

Donde:
PDT: Producción Diaria Total de Excretas por etapa (Kg/día) PE: Producción Diaria de Excretas por etapa (Kg/día -animal)
PAT: Población Animal (Número de animales por Etapa de Desarrollo).

Con este dato, se procederá a determinar la cantidad total de excretas generadas en la granja, mediante el uso de la siguiente relación:

$PTU = ZPDT$

Donde:

PTU: Producción Diaria Total de Excretas en la Unidad Productiva.

Como referencia, en el Anexo 1 de estas especificaciones, se presenta un ejemplo de estimación de biomasa dentro de las unidades productivas.

En caso de que el diseño no considere la producción total de biomasa, se deberá aplicar el factor correspondiente al porcentaje a ser tratado.

La biomasa que entrará al biodigestor, deberá ser fresca, siendo recomendable con menos de 7 días después de su generación, a efecto de que no se ingrese al biodigestor, biomasa con baja carga orgánica.

4.1.2 Determinación de Flujo Volumétrico del influente

Posterior a la estimación de biomasa dentro de la unidad productiva, para el del biodigestor, se deberá considerar el flujo volumétrico que se dispondrá dentro del mismo.

Para esto, se identificará la cantidad de agua que se ocupará dentro del sistema. Lo anterior, debido a que la eficiencia del proceso anaeróbico dependerá de una correcta relación agua-contenido de sólidos.

La cantidad de agua disponible para ser utilizada en el diseño del biodigestor, dependerá del sistema de manejo de excretas y estiércoles con el que cuentan las unidades productivas (Golpe de Agua, escrepa, fosa inundada, manual, entre otros).

En ninguno de los casos, se considerará el uso y aplicación de agua limpia.

Una vez alcanzado el grado de dilución óptima, se deberá evitar la incorporación adicional de agua, a efecto de no provocar una disminución en la materia orgánica a biodegradar, conllevando a una reducción de producción de biogás.

El proveedor diseñará el sistema de biodigestión tomando las consideraciones antes descritas, y asegurará que la estimación del flujo del influente contendrá la relación adecuada agua-sólidos.

Para el caso de los biodigestores tipo laguna se podrá considerar hasta una relación mínima agua sólidos de 3:1 y máxima de 9:1.

Para el caso de que el sistema de manejo de excretas y estiércoles, establezca una relación de sólidos mayor, se propondrán aquellos diseños de biodigestores o equipamientos adicionales que garanticen la óptima producción de biogás dentro del Biodigestor (sistemas de recirculación y calentamiento, entre otros).

4.1.3 Características Físicas, Químicas y Biológicas del Influente

A efecto de garantizar una eficiente producción de biogás, el proveedor deberá tomar en cuenta, para el dimensionamiento del sistema de biodigestión, datos de las características físicas, químicas y biológicas del influente.

Entre los principales parámetros a Considerar, se encuentran:

- Contenido de Sólidos (Sólidos Totales, Sólidos Sedimentables, Sólidos Volátiles)

- pH

- Temperatura del influente

- Relación Carbono-Nitrógeno

- Demanda Bioquímica y Química de Oxígeno

- Presencia de Agentes Inhibidores

4.1.3.1 Contenido de Materia orgánica

Para el diseño del biodigestor, se deberá contar con datos que indiquen la cantidad de materia orgánica presente en el sistema.

En este sentido, se deberán de considerar datos de la cantidad de sólidos volátiles, Demanda Bioquímica de Oxígeno (DBO) y de la Demanda Química de Oxígeno (DQO), mismos que servirán para cuantificar la carga orgánica del sistema, el cual será el parámetro base
para calcular el volumen del biodigestor.

4.1.3.2 pH

Este parámetro permitirá considerar en el diseño, la alcalinidad o acidez del influente, ya que estos, en caso de no encontrarse en un intervalo óptimo, limitarán o en su caso inhibirán, las diferentes etapas microbiológicas de la degradación anaerobia (hidrólisis, acidogénesis, a cetogénesis y metanogénesis).

En caso de que la materia orgánica contenga una gran cantidad de acidez o alcalinidad, la producción de biogás podrá verse inhibida.

Como referencia, un buen rendimiento en la producción de metano dentro del biogás, estará en un rango de pH entre 6.5 y 7.5.

4.1.3.3 Temperatura del influente

Se deberán tener registros de la temperatura del influente, ya que, en conjunto con la temperatura ambiente, será un factor importante para elegir el Tiempo de Retención adecuado de residencia del influente en el biodigestor.

Además, su control permitirá mantener la operación del biodigestor en los rangos de diseño.

4.1.3.4 Relación Carbono-Nitrógeno (C:N)

Para el proceso de biodigestión anaerobia, se deberá considerar la relación de nutrientes encontrada en el influente.

Esta puede expresarse en función de la relación carbono-nitrógeno.

Cuando esta relación es más alta (C:N > 30:1), existirá en el sistema una gran concentración de Ácidos Grasos Volátiles (AGV's).

Etapas microbiológicas del sistema.

En caso contrario (C:N < 20:1), la alta concentración de compuestos nitrogenados, también inhibirá la producción de biogás.

Por lo anterior, para este tipo de procesos, se considera una relación entre 20:1 y 30:1, siendo la óptima 25:1.

4.1.3.5 Presencia de Agentes Inhibidores

Se deberán contar con datos del influente, que garanticen que en su contenido no existan concentraciones de agentes químicos o biológicos que puedan inhibir la producción de biogás, como por ejemplo desinfectantes, detergentes, metales pesados o presencia de antibióticos, por mencionar algunos.

En caso de que la concentración de estos compuestos inhiba la producción de biogás, el influente no se deberá enviar al biodigestor.

Como orientación, en el Anexo 2, se presentan algunas sustancias químicas y su concentración que hace limitante al proceso de digestión anaerobia.

4.1.4 Aspectos Geográficos

Para el dimensionamiento del biodigestor, se considerarán las condiciones climáticas locales en donde se instalará cada proyecto en especifico, como por ejemplo las temperaturas ambientales.

Se deben recopilar y analizar las temperaturas mínimas, medias y máximas del medio ambiente, ya que estas tendrán gran influencia en la selección del tiempo de retención.

En base a estos datos se determinará una temperatura media mensual que servirá como base para establecer el Tiempo de Retención adecuado para la eficiente degradación de la materia orgánica.

$$Y_v \left[\frac{B_o * V_s}{R} \right] \left[1 - \left[\frac{K}{RM - 1 + K} \right] \right]$$

4.1.5 Selección del Tiempo de Retención Hidráulica

El Tiempo de Retención se determinará para cada proyecto en particular, y considerará la carga orgánica, la temperatura del influente y la del medio ambiente.

Para el caso de las condiciones climáticas promedio de nuestro país, se considera que el Tiempo de Retención será de alrededor de 30 días, para alcanzar un mínimo de 60% de destrucción de los sólidos volátiles.

En aquellas zonas donde el promedio mensual de temperatura sea más bajo o más alto que el promedio, se deberá considerar para el cálculo del Tiempo de Retención, los parámetros descritos anteriormente.

4.1.6 Volumen del Biodigestor

Como mínimo, el cálculo del volumen del biodigestor considerará la relación que existe entre el flujo del influente, carga orgánica y el Tiempo de Retención Seleccionado.

El volumen del digestor debe ser igual al volumen del material a degradar, multiplicado por el tiempo de digestión necesario y un volumen adicional para el almacenamiento de gas.

4.1.7 Cálculo de la producción de biogás

De manera general, el cálculo de la producción de biogás se podrá realizar de acuerdo con la metodología que recomienda el Panel Intergubernamental de Cambio Climático, en su documento "2006 IPCC Guidelines for National Greenhouse Gas Inventories", la cual establece la siguiente formula.

Donde:
Y_v = Producción diaria de metano por volumen de influente, Lt/Lt.

VS = Concentración de Sólidos Volátiles totales (TVS) en gramos por volumen de influente por día. Bo = Ultimo rendimiento de metano, Lt/gr de TVS en %.

R= Tiempo de retención en días.

M= Tasa máxima de crecimiento microbiano por día. K= Parámetro cinético, a dimensional.

Para el caso de que el proyecto considere su incorporación a programas donde se comercializan bonos de carbono, la producción de biogás tendrá que ser estimada utilizando las metodologías que se consideren en cada uno de los programas de referencia.

4.2 Construcción del Sistema de Biodigestión

4.2.1 Ubicación

La ubicación para la instalación de un biodigestor, deberá considerar lo establecido en la normatividad ambiental vigente. Dependiendo de la magnitud del Proyecto, la unidad productiva, deberá presentar una evaluación de impacto ambiental o un informe preventivo del mismo, en los términos que indica la Ley General para el Equilibrio Ecológico y Protección al Ambiente (LGEEPA), y sus reglamentos.

Asimismo, para la selección del sitio, la LGEEPA indica que la explotación pecuaria deberá darse de alta como empresa con actividades altamente riesgosas y presentar ante la autoridad ambiental un estudio de riesgo y un programa de prevención de accidentes, en el caso de que el proyecto este diseñado para generar, manejar y usar 500 Kg de metano en adelante, de acuerdo a lo indicado en el "segundo Listado de Actividades Altamente Riesgosas", emitido por la SEMARNAT.

La ubicación física del sistema deberá tomar en consideración diversos factores, tales como el desnivel del terreno, distancias óptimas de la unidad al biodigestor, factores de seguridad, entre otros, lo que permitirá una adecuada operación del sistema.

4.2.1.1 Restricciones para la Ubicación del Sitio

Se deberán considerar al menos las siguientes restricciones para la ubicación del biodigestor:

Evitar la cercanía de aeródromos de servicio público o aeropuertos.

No ubicarlo dentro de áreas naturales protegidas.
Se deberá instalar a una distancia mínima de 500 m de cualquier núcleo poblacional.

No ubicarlo en zonas de marismas, manglares, esteros, pantanos, humedales, estuarios, planicies aluviales, fluviales, recarga de acuíferos, zonas arqueológicas, fracturas o fallas geológicas.

La distancia con respecto a cuerpos de aguas superficiales con caudal continuo, lagos y lagunas, debe ser de 500 m como mínimo.

Se deberá localizar fuera de zonas de inundación.
La ubicación entre el limite del sistema y cualquier pozo de extracción de agua, deberá ser de 500m.

El manto freático deberá encontrarse a una profundidad mínima de 7 metros.

Foto1

4.2.2 Separador de Sólidos

Dependiendo del sistema de manejo de excretas y estiércoles y de la cantidad de material sólido (contenido de fibras y tamaño de los residuos) que puedan encontrarse en el influente, se considerará la instalación de un separador de sólidos antes de ingresar al biodigestor.

Lo anterior a efecto de que por el tamaño del sólido se eviten taponamientos en las tuberías, degradación lenta, mayor tiempo de retención, y por ende, mayor tamaño de biodigestor.

4.2.3 Fosa de Mezclado

Se considerará la instalación de una fosa de mezclado que concentre los influentes provenientes de la unidad productiva, ya sea, aprovechando la gravedad o mediante sistemas de bombeo.

Dicha fosa, servirá para monitorear y controlar la relación agua-sólidos que ingresarán al biodigestor.

Foto2

4.2.4 Obra Civil del Biodigestor

4.2.4.1 Estudio Inicial del Sitio

Antes de iniciar cualquier actividad, se deberá realizar un estudio de mecánica de suelos que establezca el tipo suelo, materiales y subsuelo que se encuentra en la zona.

4.2.4.2 Excavaciones

El inicio de la construcción se comenzará con los trazos y nivelaciones del terreno y líneas de influente y efluente.

No se deberá excavar si el manto freático se encuentra a menos de 7 m.

En los casos de que el manto freático este a una distancia cercana a la superficie (de 7 a10 m), el biodigestor se construirá superficial o semienterrado, en un porcentaje que estará en función del tipo de suelo y subsuelo, que garantice la estabilidad al biodigestor.

Para el resto de los casos, se hará la excavación conforme a lo determinado por el diseño de ingeniería.

Foto3

4.2.4.3 Protección de la base del Biodigestor por generación de gases.

Si hay evidencia de alto contenido de materia orgánica en el terreno (por ejemplo, en caso de que se esté instalando sobre una laguna existente.

La cual ha sido desazolvar), se deberá instalar un sistema de colección de gases en la parte inferior del biodigestor (debajo de la geomembrana),

a través de un sistema de drenado de gases que salga sobre la corona del digestor y recorra toda lo largo y ancho de esté para ventearlos.

4.2.4.4 Construcción de Taludes

Los taludes se deberán conformar con pendientes que proporcionen estabilidad duradera acorde al estudio de mecánica de suelos.

Se recomienda, conformar el talud de las paredes del biodigestor en una relación de 1:3 y no mayor de 1:1. (Si los taludes aumentan más de 1:1, las paredes se volverán inestables y menor de 1:3 se requerirá más espacio no necesario).

Las superficies de los taludes deberán tener una compactación del 90% proctor para garantizar que no exista ningún tipo de protuberancias evitando con ello daños durante la colocación de la geomembrana.

Dependiendo de la calidad del terreno, si este lo amerita, se deberá instalar un geotextil contra las paredes y el fondo del biodigestor, para protección de la geomembrana.

La parte superior del digestor deberá estar construida sin hacer medios círculos en las esquinas para mejor calidad en las uniones de la geomembrana.

La compactación de los taludes se realizaran empleando técnicas y equipos adecuados al tipo de terreno, de tal forma que se deje la superficie sin bordos o piedras que lastimen a la geomembrana durante su colocación.

Foto4

4.2.4.5 Corona del Digestor

Las coronas del digestor deberán tener una compactación del 85% al 90% proctor.

EL ancho de la corona, será de un mínimo de 3 m (libre de tuberías, registros, salida de gas, etc.,) a cada lado para el tránsito de maquinaria.

Una vez construido el Sistema, no se deberá realizar maniobras con maquinaria pesada sobre la corona del biodigestor.

Por todo el perímetro del biodigestor, se debe excavar una zanja (aproximadamente de 50 X 90 cm) para el anclaje de la membrana sobre la corona del talud, a una distancia aproximada de un metro desde el inicio de la pendiente del talud interior, En esta "zanja" se fijará y anclará la geomembrana, tanto de la fosa como la de la cubierta. Los materiales con los que se fijé la geomembrana deberán garantizar su estabilidad.

Se aplicará un método que evite crecimiento de vegetación sobre la corona. Este procedimiento se podrá hacer únicamente cuando ya esté tapado el digestor al 100% y los registros terminados.

Foto 5

4.2.5 Sistemas de Tuberías

4.2.5.1 Tuberías del influente

La tubería del influente será instalada para conectar tanque de mezclado con la entrada de alimentación del biodigestor.

La tubería será dimensionada en función a las características del gasto diario del influente (m3/hr, I/hr), tomando en consideración sus propiedades termodinámicas, físicas, como el tamaño de partículas, cuyos parámetros se utilizaran para el cálculo del diámetro de la tubería,de tal manera que se permita el flujo del gasto establecido en el diseño volumétrico del biodigestor.

El material de la tubería será PVC tipo norma b alcantarillado. Deberá contar con un registro que permita verificar el flujo y proporcione acceso al interior de la tubería en caso de taponamientos.

La conexión de la tuberías con la geomembrana o sistemas de soporte deberán ser impermeabilizadas con el mismo material de la geomembrana para lograr su fijación y sellado.

la instalación de la tubería se deberá colocar dentro de una zanja sobre una cama de arena nivelada perfectamente, con una pendiente mínima del 1%.

Se protegerá y se rellenará la zanja con material producto de la excavación para la protección de la tubería y como acabado final se realizará una adecuada compactación.

Cuando en la instalación de la tubería, se requiera hacer cambios de dirección, no se deberá poner codos mayores a 45°.

Si fuera necesario hacer giros de 90°, se deberá colocar dos codos de 45° con una separación de 50 cm como mínimo entre cada codo.

Se deberá hacer un registro, en cada desviación o conexión, fabricado de 1m x 1m x 1m de block pulido en el interior, con base de concreto y deberá contar con una tapa de concreto de fc = 150 kg/cm, en dos hojas para su fácil manejo para la supervisión.

Para asegurar el sello hidráulico dentro la laguna del digestor, la tubería deberá de tener una inclinación necesaria, la cual se podrá hacer poniendo un tubo con una inclinación de 45° en la parte final, colocándolo 1 metro por debajo del espejo del fluido.

Foto 6

4.2.5.2 Tubería de conducción de biogás

La tubería se debe seleccionar con el espesor de pared suficiente para soportar la presión de diseño del biodigestor, y en su caso, resistir cargas externas previstas.

Cada componente de la tubería deberá de ser diseñada para resistir las presiones de operación y las características termodinámicas del gas, a efecto de que estas operen adecuada y eficientemente en el momento de máxima demanda de biogás.

Para el caso de las tuberías de conducción de biogás, en específico por el contenido de metano que tendrá el sistema, se considerará lo establecido en el apartado 5.1 de la NOM-003-SECRE-2002.

Como referencia, la tubería de conducción de biogás será de PVC, polietileno (PE) de alta densidad, polipropileno (PP) o cualquier otro material que resista la corrosión con RD 26 o equivalente en diámetros de 3" a 12" dependiendo del volumen de biogás.

Dependiendo del material de estas tuberías, se seguirá lo establecido en los lineamientos considerados en la NOM-003-SECRE-2002, para cada uno de estos materiales.

El diámetro de la tubería también estará en función de la distancia recorrer desde el punto en el que se origine el biogás hasta el punto en el que se la dará el uso final.

Se deben instalar soportes adecuados que garanticen la inmovilidad de la tubería y en zonas con alto flujo de personal o equipo se deben instalar tuberías subterráneas con la debida señalización.

Se deberán identificar la tubería con color amarillo e indicar el sentido del flujo del biogás.

Se deberán instalar trampas de humedad para remover el agua en todos los puntos bajos o tiros verticales de tubo de conducción de gas.

Foto 7

4.2.5.3 Tuberia del efluente

La tubería será dimensionada en función a las características del gasto diario del efluente (m3/hr, I/hr), tomando en consideración sus propiedades termodinámicas, físicas, como el tamaño de partículas, cuyos parámetros se utilizaran para el cálculo del diámetro de la tubería, de tal manera que se permita el flujo del gasto establecido en el diseño volumétrico del biodigestor.

Foto 8

Se localizará a 60 cm de profundidad sobre la corona ya 1 m del inicio del talud. Será de tubería de 4" de diámetro, de PVC hidráulico de cédula 40 o RD 26.5.

Correrá paralelamente a la pared interior del biodigestor legando a la plantilla para poder extraer los sólidos de la parte inferior.

Todas las tuberías de extracción de sólidos estarán desplantadas en la plantilla sobre soportes que no dañen la geomembrana de la base.

Sobre la corona se dejará una conexión roscada para la colocación de una bomba de preferencia eléctrica, con una capacidad de acuerdo al volumen de lodos a extraer.

Foto 9

4.2.6 Sistema de Agitación

Se instalarán sistemas de agitación que prevengan la sedimentación y acumulación de sólidos, el taponamiento de tuberías, así como para garantizar perfiles de temperatura constantes dentro del biodigestor, y una eficiente interacción entre microorganismos y el sustrato.

Foto 10

4.2.7 Colocación de puntos de muestreo

Se deberá contar con puertos de muestreo del influente y efluente del sistema, que permitan verificar temperatura interna, pH, y otros parámetros físico - químicos, durante la operación del biodigestor.

Foto 11

4.2.8 Colocación de geomembrana

Para los biodigestores, la membrana que se colocará para la hermeticidad del biodigestor, deberá cumplir con las normas descritas en los estándares GM13 y GM 17 del Instituto de Investigación de Geosintéticos (GRI por sus siglas en inglés).

La geomembrana, que se considere utilizar para la implementación de los proyectos, deberá cumplir como mínimo con las siguientes propiedades:

Propiedades mínimas consideradas en la selección de Geomembrana

Propiedad	Unidad	Valor Nominal
Densidad	Kg/m3	940
Resistencia al Desgarre	N	210
Resistencia al Limite	N/mm	25

Elástico		
Estiramiento al Limite Elástico	%	13
Resistencia a la Rotura	N/mm	43
Estiramiento a la Rotura	%	700

Asimismo, el proveedor garantizará que la geomembrana seleccionada resista las condiciones del proyecto, como, por ejemplo, características del biogás, presión del biogás, desgaste por radiación ultravioleta, temperaturas ambientales e internas, entre otras.

El instalador deberá presentar certificados de las pruebas de inicio, rendimiento y destructivas (presión de aire y vacío) de acuerdo con los lineamientos o estándares internacionales o en su caso, nacionales a los que sujeten estas geomembrana (estándar GRI-GM, ASTM, entre otros).

Los certificados de calidad de cada rollo entregados por las empresas, deberán ser originales, para comprobar el origen y calidad del material a instalar.

El espesor de la geomembrana que cubrirá la base del biodigestor deberá ser de al menos 60 milésimas de pulgada (1.5 mm) y debe ser igual al de la cubierta, para evitar rupturas en el material más débil, en caso de incrementos de presión por acumulación de biogás.

La vida útil de estas geomembrana deberá ser de más de 20 años, y se deberá garantizar por al menos 10 años.

El trabajo de instalación debe ser ejecutado por técnicos calificados (al menos el responsable del grupo de instaladores), con experiencia probada. de ser posible.

Certificados por la Asociación Internacional de Instaladores de Geosintéticos (IAGI por sus siglas en inglés).

Durante la instalación, se deben observar todas las recomendaciones de los fabricantes de geomembrana para el despliegue de materiales, como son: temperaturas, resistencias, condiciones climáticas adecuadas, traslape del material de al menos 5 pulgadas para la termo fusión.

Deberá de entregar un reporte de control de calidad al final del proyecto.

El tendido del material dependiendo de la geometría del proyecto se deberá realizar, utilizando herramientas especializadas que prevengan daños en la geomembrana.

La soldadura en los traslapes debe ser hecha por el método de termofusión.

Las soldaduras perimetrales entre el revestimiento primario y la cubierta, así como las reparaciones de las soldaduras con defectos, deberán realizarse con soldadura por extrusión.

Foto 12

4.2.9 Medidores de biogás

Los medidores de biogás se instalarán entre el biodigestor y los sistemas de destrucción del gas (quemador y motogenerador). Es recomendable que dichos medidores sean colocados después de los filtros de biogás, para que el propio medidor, quemador y los motogenerador, no sufran daños por corrosión derivados del Ácido Sulfhídrico.

El equipo deberá cuantificar el flujo de biogás hacia los sistemas de quema y lo aprovechamiento en todo momento de operación del digestor.

El medidor se seleccionará dependiendo de la cantidad de biogás que se produzca en el biodigestor, su ubicación, corriente eléctrica disponible para energización y de la concentración de metano en el biogás.

Se recomienda instalar medidores digitales que cuenten con dispositivos tecnológicos que permitan incorporar y transferir los datos a computadoras (sobre todo para casos de proyectos de comercialización de bonos de carbono).

Foto 13

4.2.10 Filtro de retención de Acido Sulfhídrico

En aquellos sistemas que realicen el aprovechamiento del biogás para generar energía eléctrica o térmica, se deberá instalar un filtro para la retención del ácido sulfhídrico, debido a que este ácido es precursor de ácido sulfhídrico.

Mismo que corroe las partes metálicas y acorta el tiempo de vida útil de los equipos.

EL tamaño del filtro y su capacidad estará en función del volumen de biogás producido y de la concentración en partes por millón (ppm) del ácido sulfhídrico y se instalará antes del medidor del flujo de biogás y la linea de alimentación en donde se ubique el equipo de generación de electricidad y lo el aprovechamiento térmico (motogenerador, caldera, entre otros).

El filtro se deberá reemplazar con cierta periodicidad, conforme a las indicaciones del fabricante para asegurar que la retención y la concentración del acido sulfhídrico (ppm) que contiene el gas que está entrando a los equipos de aprovechamiento sea inferior al indicado por los fabricantes de estos equipos.

Foto   14

4.2.11 Quemador de Biogás

El quemador será diseñado en función al flujo de biogás que se considere disponer en este sistema.

Tendrá una capacidad de al menos igual a la producción máxima de biogás prevista.

Deberá ser fabricado de preferencia con placa de acero inoxidable (no usar acero al carbón), con un diámetro mínimo de 18", Contendrá un elemento aislante en el interior de la cámara de combustión que resista temperaturas superiores a las que se puedan alcanzar durante la combustión del gas.

La combustión dentro del quemador se debe llevar a cabo en una cámara cerrada que garantice eficiencias superiores al 90%.

Deberá estar equipado con un sistema de encendido automático tal como bujías o electrodos, alimentados por un sistema permanente con suministro de energía eléctrica, como pueden ser paneles solares equipados con baterías y en su caso conectado directamente a la red de suministro convencional dichos sistemas deberán garantizar el encendido constante al emitir chispas para ignición del gas cada 2 a 5 segundos.

Además, contará con boquillas de alta eficiencia y detectores de flama que aseguren que, en caso de extinción de la flama, se corte el suministro de biogás y se evite así, la posibilidad de explosión.

El quemador que se considere instalar dentro de la unidad productiva, tendrá que estar diseñado para cumplir con los Limites Máximos Permisibles de emisión a la atmósfera de humos, partículas suspendidas totales, bióxido de azufre y óxidos de nitrógeno, que establece la NOM-085- SEMARNAT - 1994.

Estos Límites estarán en función de la capacidad del quemador (Mj/h), y de la localización geográfica del Proyecto.

Como referencia, se presenta el Anexo 3, donde se presentan los tipos de contaminantes y sus Límites Máximos Permisibles. Los procedimientos para la determinación de estos contaminantes, se presentan en la NOM-085.

Foto 15

4.2.12 Instalaciones Eléctricas

El diseño, la instalación, los dispositivos, la seguridad y la operación de la instalación eléctrica de aprovechamiento energético del biogás, se deberá apegar a lo especificado en la "NORMA Oficial Mexicana NOM-001-SEDE-2005, Instalaciones Eléctricas" (utilización).

Se deberán apegar a lo que indica el Artículo 110 - Requisitos de las Instalaciones Eléctricas, inciso
A. Disposiciones Generales.

En particular a los puntos que se presentan a continuación:

4.2.12.1 Instalación y uso de los equipos

Los equipos y en general los productos eléctricos utilizados en las Instalaciones eléctricas deben usarse o instalarse de acuerdo con las Indicaciones incluidas en la etiqueta, instructivo o marcado.

4.2.12.2 Niveles de Tensión

Los niveles de tensión eléctrica considerados deben ser aquellos a los que funcionan los circuitos de la instalación eléctrica. La tensión eléctrica nominal de un equipo eléctrico no debe ser inferior a la tensión eléctrica real del circuito al que está conectado.

4.2.12.3 Tensión Eléctrica nominal de utilización

Es el valor para determinados equipos de utilización del sistema eléctrico. Los valores de tensión eléctrica de utilización son:

En baja tensión: 115/230 V; 208YI120 V; 460Y/265 y 460 V; como valores preferentes.

4.2.12.4 Conductores

Los conductores normalmente utilizados para transportar corriente eléctrica deben ser de cobre.

4.2.12.5 Aislamiento

Todos los cables deben instalarse de modo que, cuando la instalación esté terminada, el sistema quede libre de cortocircuitos y de conexiones a tierra distintas de las necesarias.

4.2.12.6 Ejecución mecánica de los trabajos

Los equipos eléctricos se deben instalar de manera limpia y profesional si se utilizan tapas o placas metálicas en cajas o cajas de paso no metálicas éstas deben introducirse como mínimo 6 mm por debajo de la superficie externa de las cajas.

4.2.12.7 Montaje y enfriamiento de equipo

4.2.12.7.1 Montaje

El equipo eléctrico debe estar firmemente sujeto a la superficie sobre la que vaya montado, para evitar vibraciones y transferencias de éstas a otros equipos.

4.2.12.7.2 Enfriamiento

El equipo eléctrico que dependa de la circulación natural del aire y de la convección para el enfriamiento de sus superficies expuestas, debe instalarse de modo que no se impida la circulación del aire ambiente sobre dichas superficies por medio de paredes o equipo instalado al lado.

4.2.12.7.3 El equipo diseñado, para su montaje en el suelo, debe dejarse a una distancia que permita la disipación del aire caliente que circula hacia arriba entre las superficies superior y las adyacentes.

El equipo eléctrico dotado de aberturas de ventilación debe instalarse de modo que las paredes u otros obstáculos no impidan la libre circulación del aire a través del equipo.

4.2.12.8 Generador Eléctrico

El generador eléctrico, deberá cumplir con las especificaciones indicadas en el "Articulo 445 – Generadores" de la "NORMA Oficial Mexicana NOM-001-SEDE-2005, Instalaciones Eléctricas" (utilización).

También con lo indicado en el "Articulo 705-Fuentes de Producción de Energía Eléctrica Conectada", de la misma norma, cuyo alcance cubre la instalación de una o más fuentes de generación de energía eléctrica que operan en paralelo con una o más fuentes primarias de electricidad.

4.2.12.8.1 Protección contra sobre corriente

Los generadores deben estar protegidos por diseño contra sobrecargas, basándose en interruptores automáticos, fusibles, u otro medio aceptable que proporcione adecuada protección contra sobre corriente.

4.2.12.8.2 Capacidad de conducción de corriente de los conductores

La capacidad de conducción de corriente de los conductores de fase que van desde las terminales del generador hasta el primer dispositivo de protección de sobre corriente, no debe ser menor del, 115% de la corriente eléctrica de placa nominal del generador.

4.2.12.8.3 Características de la energía generada

Las características de la energía generada por el generador del sistema de biodigestión, debe ser compatible con la tensión eléctrica, la forma de la onda y la frecuencia del sistema al cual esté conectado.

4.2.12.8.4 Sistema de sincronización

Se deberá contar con un mecanismo de sincronización manual o automático, para permitir la interconexión entre el generador y la red, siempre que se pretenda trabajar interconectado a la red de suministro de CFE.

Este mecanismo permitirá que la interconexión se haga a la misma frecuencia, el mismo voltaje y la misma secuencia de fases.

4.2.12.8.6 Des conectadores

Las especificaciones de los interruptores y des conectadores, se establecen en el artículo 380 de la NOM-001-SEDE-2005.

4.2.12.8.6 Sistema de protecciones

Con objeto de garantizar el correcto funcionamiento de la instalación, y proteger el generador y demás equipos eléctricos se deberá disponer de al menos las protecciones siguientes:

4.2.12.8.6.1 Protecciones de Interconexión

Interruptor automático (52).- Para desconexión de la red por accionamiento de algún relevador de protección
Relevador de baja tensión (27).- Para detectar baja tensión.

Relevador de sobre tensión (59)
Relevador de frecuencia (81)
Tres relevadores de sobre corriente (50-51)

4.2.12.9 Sistema de alambrado

El método de alambrado, las canalizaciones y número de conductores, se deberá apegar a lo indicado en el capítulo 3 de la NOM-001-SEDE.2005.

4.2.12.10 Cargas Eléctricas

Se debe de evaluar las cargas eléctricas que serán alimentadas por el o los motogeneradores, con objeto de dimensionar correctamente el sistema, considerando que ciertos equipos o dispositivos demandan hasta 5 veces su corriente nominal en el arranque.

4.2.12.11 Balanceo entre lineas

Las cargas que se conecten al motogenerador, deberán estar balanceadas, evitando en su caso, que entre ellas exista un desbalanceo mayor al 10%.

4.2.12.12 Puesta a tierra de los equipos

4.2.12.12.1 Puesta a tierra para todas las tensiones eléctricas

De acuerdo con la NOM-001, en su artículo 430-141, se deberán poner a tierra las partes metálicas expuestas no conductoras de motores y de sus controladores para impedir una tensión eléctrica más elevada con respecto a tierra, en el caso de un contacto accidental entre las partes vivas y los armazones y lo gabinetes.

El aislamiento eléctrico, separación o resguardos son alternativas adecuadas de la puesta a tierra de motores en ciertas condiciones.

Se deberán considerar las disposiciones generales establecidas en el artículo 250.

4.2.12.13 Aparta rayos

De acuerdo con el artículo 280 y sus incisos, se deberá instalar un sistema de aparta rayos, en función de las características de la instalación, para protegerla a través de limitar las sobre tensiones transitorias descargando o desviando la sobre corriente así producida, y evitando que continúe el paso de la corriente eléctrica, capaz de repetir esta función y así evitar accidentes al personal, daños a los equipos e instalación y riesgos de incendio y explosión.

4.2.13 Efluentes

4.2.13.1 Aguas Residuales

El proyecto deberá de considerar la construcción de una laguna secundaria que capte los afluentes resultantes del biodigestor, con una capacidad igual al volumen de agua saliente del sistema, con objeto de aumentar el tiempo de retención del flujo del efluente para su tratamiento adicional que permita el mejoramiento de su calidad.

Cuando las aguas residuales y lodos provenientes del Biodigestor, tengan como destino su descarga a cuerpos de agua considerados Como bienes nacionales ó sistemas de alcantarillado urbano y municipal ó su aprovechamiento para riego o fertilización, deberán cumplir con los Límites Máximos Permisibles (LMP's) de contaminantes, establecidos en las normas ambientales mexicanas vigentes en esta materia.

Para el caso de que las descargas de aguas residuales sean destinadas a ríos, embalses naturales y artificiales, aguas costeras, humedales naturales y su uso en riego agrícola, los Límites Máximos Permisibles de Contaminantes Básicos, Metales Pesados, contenidos de patógenos y parásitos, serán los que se indican en la NOM-001- SEMARNAT - 1996.

Como referencia, en el Anexo 4 del presente documento, se presentan los contaminantes y sus LMP's que se deberán considerar para la descarga de efluentes en los cuerpos de agua de referencia.

Los métodos de muestreo, el número de muestras y metodologías para el análisis de los contaminantes indicados, se encuentran establecidos en la NOM-001-SEMARNAT.

Cuando los efluentes provenientes del biodigestor se destinen a sistemas de alcantarillado urbano o municipal, los contaminantes que deben considerarse y sus LMP's, se indican en la NOM-002-SEMARNAT-1996.

Dentro del Anexo 5 de estas especificaciones, se presentan los contaminantes y sus LMP's que se considerarán en este caso.

Por otro lado, si las descargas de aguas residuales provenientes del biodigestor, se reusaran en servicio al público, la concentración límite de contaminantes que deberán contener esas aguas, serán los establecidos en la NOM-003-SEMARNAT-1997. LOs LMP's para estos contaminantes. se presentan en el Anexo 6 de este documento.

4.2.13.2 Lodos Residuales

Cuando los lodos residuales del biodigestor se dispongan y lo aprovechen, su utilización deberá hacerse bajo los procedimientos estipulados en la NOM-004-SEMARNAT-2002.

La clasificación de los lodos estará en función de los LMP's de los metales pesados, cantidad de coliformes fecales, presencia de Salmonela, y cantidad de Huevos de Helminto.

La aplicación de los lodos en terrenos con fines agrícolas y mejoramiento de suelos se sujetará a lo establecido en la Ley Federal de Sanidad Vegetal y conforme a la normatividad vigente en la materia.

Los sitios para la disposición final de lodos y biosólidos, serán los que autorice la autoridad competente, conforme a la normatividad vigente en la materia.

En el Anexo 7, se presenta como referencia los LMP's de metales pesados, su contenido de patógenos y el aprovechamiento de lodos y biosólidos en función a su clasificación.

Las metodologías de muestreo y análisis para determinar las características y el tipo de lodos, se presentan en la NOM-004.

4.3 Medidas de Seguridad

4.3.1 Restricción del Acceso

Se deberá restringir el acceso al digestor desde el momento de la excavación de la laguna para proteger a la superficie ya preparada e impermeabilizada, evitando que se dañe la geomembrana instalada.

Así también se deberá restringir el acceso al momento del llenado, tanto a personas como a animales, ya que Cualquier superficie impermeabilizada con geomembrana se vuelve resbalosa, especialmente si está mojada.

4.3.2 Cerco Perimetral

Una vez terminado el digestor se debe instalar un cerco perimetral (por ejemplo de malla ciclónica, reja o paredes), para evitar que personal no autorizado o animales accedan al digestor.

El cerco perimetral, deberá ser por lo menos de 2 metros de altura, y se colocaran letreros de aviso de restricción de acceso en puertas de entrada.

Si el digestor está dentro de las instalaciones de la granja de manera tal que el acceso es limitado, sólo será necesario construir un cerco alrededor del sistema de manejo de biogás para proteger el equipo de medición y quema de biogás.

Foto 16

4.3.3 Ubicación del Quemador

Los quemadores se deben instalar sobre una plataforma estable metálica o de concreto localizada lo suficientemente alejada del digestor y de cables o tuberías aéreas.

La distancia mínima recomendada para la instalación del quemador es a 30 metros del digestor.

4.3.4 Señalizaciones

Además de una señal de acceso restringido en el digestor y el sistema de manejo de biogás, Se deberá instalar anuncios visibles en las áreas de seguridad que indiquen las siguientes leyendas "PELIGRO: GAS ALTAMENTE INFLAMABLE" y "SE PROHIBE FUMAR".

Foto 17

4.3.5 Seguridad en el Sistema de Tuberías

Se deberá instalar en las tuberías de entrada o de salida de residuos, sellos hidráulicos, que eviten la fuga del gas del interior del biodigestor por la tubería cuando el volumen baja de nivel, y la tubería queda en contacto directo con el gas.

Se deberá dar mantenimiento al sistema de tuberías a efecto de que el color la señalización y la identificación de las mismas permitan su visibilidad y legibilidad permanente.

Las señales de seguridad e higiene deberán ubicarse de tal manera que puedan ser observadas e interpretadas por los trabajadores a los que estén destinadas, evitando que puedan ser obstruidas.

Las tuberías de conducción de biogás y lodos residuales, deberán identificarse con el color de seguridad correspondiente dado por la Norma Oficial Mexicana NIOM.026-STPS-2008.- Colores y Señales de Seguridad e Higiene, e identificación de riesgos por fluidos en tuberías.

Para el caso del biogás, la tubería deberá ser de color amarillo, indicativo de que se trata de un fluido con características inflamables, explosivas y de alta presión, que es considerado como un fluido "Peligroso".

Se deberá colocar una flecha que indique la dirección del flujo dentro de la tubería, de tal forma que sea visible desde cualquier punto de las zonas donde se encuentra toda la red de tuberías, El color de esta flecha deberá contrastar con el de la tubería con objeto de poder ser identificada con clarIdad.

Se colocará en la tubería leyendas que identifiquen las características del fluido. (Como referencia, para el caso del biogás se colocaran leyendas alusivas a las propiedades en las que se encuentra el fluido, por ejemplo "TÓXICO", "INFLAMABLE", entre otros).

La proporción del tamaño del texto con respecto al diámetro de la tubería se expresa en la Norma.

La ubicación de tubería subterránea de gas será marcada con señales para prevenir accidentes o rupturas.

4.3.6 Instalación de Válvulas de Alivio

Se deberán instalar válvulas de alivio que liberen automáticamente el gas a la atmósfera cuando el digestor alcance una presión determinada eliminando así el riesgo de desgarre de la membrana o desanclaje del sistema.

Este sistema puede ocasionar la pérdida del gas, pero mantiene la integridad del digestor.

4.3.7 Prevención y Control de Incendios

Se deberá determinar el grado de riesgo de incendio, de acuerdo a lo establecido en la NOM-002- STPS-2000, con objeto de identificar las zonas donde se deben de instalar extintores.

Para el biodigestor, se deberá Instalar equipos contra incendio, tipo A y en el caso de las áreas eléctricas, instalar equipo tipo C (NOM-002).

Cuando se tenga que trabajar cerca del biodigestor, sus tuberías, o quemador, y con equipos que puedan producir una chispa, se deberá colocar el equipo a contra viento del área de trabajo y lo más alejado posible.

Se deberá cuidar que no existan filtraciones de fluidos explosivos o corrosivos que puedan dañar la membrana de la cubierta, ocasionando fuga de biogás y el riesgo de un incendio.

Una vez construido el digestor, se deberá informar a los empleados de granjas e instalaciones vecinas, de la ubicación del digestor, para prevenir que dentro sus actividades eviten las quemas controladas o un incendio que pueda alcanzar el digestor.

Como medida de prevención y seguridad, se recomienda instalar un equipo arresta flamas de acero inoxidable en la tubería de alimentación del quemador, para evitar el riesgo de incendio También se instalará una válvula térmica a la salida del biodigestor para cierre del suministro de gas 5 segundos después de haber detectado un incremento en la temperatura de la tubería.

Se deberá capacitar al personal de operación del sistema en procedimientos de seguridad y combate contra incendios.

4.3.8 Equipos de Protección y Seguridad Personal

Se deberá suministrar a los operadores los aditamentos necesarios para trabajar con seguridad dentro de las instalaciones del biodigestor y las áreas de aprovechamiento energético.

En las aéreas de servicios, (calderas), y planta de generación de energía, deberán portar casco, overol y zapatos de seguridad.

Overol; respirador contra gases y vapores, o en su caso mascarilla que evite el contacto directo con los gases; guantes para la operación del sistema, y calzado adecuado para la realización de las actividades concernientes a la operación y mantenimiento del biodigestor.

Cuando se requiera trabajar sobre la geomembrana del biodigestor, se hará en parejas (por ejemplo, remoción del agua de lluvia u otros trabajos), con objeto de garantizar la seguridad de los trabajadores. En este sentido, estos trabajadores deberán portar el equipo necesario para realizar estas actividades (chalecos salvavidas, arneses, cuerdas de salvamento, entre
otros).

No se recomienda subir a la geomembrana inflada con calzado inapropiado para evitar rasgaduras.

En ese sentido, al trabajar sobre la cobertura del biodigestor, será con zapatos de suela lisa o de goma y se deberán usar prendas antiestáticas como el algodón.

En caso de Inhalación accidental de una alta concentración de biogás se deberá suministrar atención médica de forma inmediata. Trasladar la víctima a un área no contaminada para que inhale aire fresco; mantenerla caliente y en reposo.

Si la víctima no respira, administrarle oxígeno suplementario o respiración artificial.

4.3.9 Caseta de Seguridad para la planta de generación de energía eléctrica

El motogenerador y las instalaciones eléctricas para su funcionamiento y operación deberán ubicarse en una caseta de seguridad que limite el acceso a personas ajenas.

El tubo de escape del motogenerador deberá ser canalizado hacia el exterior de la caseta, mediante una chimenea para evitar la inhalación de gases tóxicos por el personal que opere dentro de estas instalaciones.

La caseta del sistema de generación eléctrica, se deberá situar a no menos de 30 m del biodigestor y en ella deberá colocarse un anuncio que indique la siguiente leyenda "PELIGRO: RIESGO DE DESCARGAS ELÉCTRICAS".

Esta área debe ser restringida y sólo debe tener acceso personal autorizado.

Foto 18

4.3.10 Motogenerador

Para evitar riesgos de accidentes en la operación de la planta de generación de energía eléctrica, se deberá atender lo establecido en el manual de operación del equipo.

Previo al arranque del equipo, deberá verificarse que no existan fugas del refrigerante o aceite, que no estén bloqueadas las partes móviles, y que no exista obstrucción enfrente del radiador, ni a la salida de los gases de escape.

Si se van a realizar actividades de mantenimiento, es importante desenergizar totalmente el equipo, cerrando el paso del biogás, desconectando el interruptor principal y el cable del polo negativo de la batería.

Se deberá contar dentro de la caseta con un extintor ABC, especial para incendios en instalaciones eléctricas.

Foto 19

5. Gestión de Riesgos en el Diseño y Operación

Análisis de Riesgos y Mitigación de Fallas Críticas

Un biodigestor tipo laguna cubierta es un reactor biológico dinámico con una infraestructura considerable.

Para pasar de un simple manual de construcción a una guía de ingeniería, es fundamental incluir un análisis de los riesgos operativos y estructurales más comunes, y sus estrategias de mitigación.

La gestión de riesgos se centra en dos áreas:

La Integridad Estructural/Mecánica y la **Estabilidad Biológica**.

1. Riesgos de Integridad Estructural y Mecánica

El fallo estructural o mecánico puede resultar en pérdidas catastróficas de biogás, contaminación ambiental o daños al equipo(motogeneradores).

Riesgo Crítico	Causa Principal	Estrategia de Mitigación (Operación 2025)
Acidificación del Reactor	Sobrecarga de alimentación (alta COV), o desbalance en la Relación C:N (exceso de nitrógeno/amonio).	**Monitoreo IoT:** Controlar la relación Ácidos Grasos Volátiles (AGVs) / Alcalinidad (*buffer*). **Alimentación Controlada:** Utilizar el sistema de dosificación automatizado para reducir o detener la alimentación ante un pico de AGVs.
Inhibición por Amonio	Exceso de Nitrógeno en el influente (alta carga proteica o baja dilución). Frecuente en sistemas Termofílicos.	**Co-digestión:** Agregar sustratos ricos en carbono para diluir la concentración de nitrógeno. **Control de Temperatura:** Mantener la temperatura dentro del rango Mesofílico si la concentración de Nitrógeno es crítica.
Choque Térmico	Entrada de grandes volúmenes de influente a temperaturas muy bajas o falla repentina del sistema de calentamiento.	**Precalentamiento:** Asegurar que la fosa de mezclado tenga sistemas de calentamiento efectivos, especialmente en zonas frías. **TRH Alto:** Mantener un TRH ligeramente más alto de lo mínimo necesario para dar tiempo al sistema de recuperarse.

Cuadro 8

2. Riesgos de Estabilidad Biológica y Aseguramiento de la Calidad

Un biodigestor es un ecosistema de microorganismos. La pérdida de estabilidad biológica (falla biológica) conduce a una caída drástica en la producción de metano y a la producción de olores.

Riesgo Crítico	Causa Principal	Estrategia de Mitigación (Diseño 2025)
Rotura o Fuga en Geomembrana	Diseño deficiente de taludes, tensión excesiva, daño por roedores o penetración de objetos extraños.	**Ingeniería de Terreno:** Exigir un coeficiente de seguridad más alto en el diseño de taludes. **Protección:** Instalar una capa de geotextil protectora (tipo *underlayment*) debajo de la geomembrana y un sistema de control de roedores.
Corrosión por H_2S	El sulfuro de hidrógeno se combina con la humedad del biogás para formar ácido sulfúrico.	**Desulfurización:** Implementar sistemas de desulfurización primaria (biológica o química) ANTES de que el gas llegue a cualquier tubería metálica, válvula o motogenerador.
Fallo en el Sistema de Agitación	Acumulación excesiva de sólidos no digeridos (arenas, fibra) o fallo eléctrico del motor.	**Pre-tratamiento Riguroso:** Asegurar la máxima remoción de arena y sólidos en el Separador de Sólidos. **Diseño Redundante:** Utilizar agitadores sumergibles con redundancia o sistemas de agitación hidráulica sin partes móviles expuestas.
Pérdida de Presión en la Cubierta	Daño por viento extremo, sobrepresión o rotura de válvula de seguridad.	**Control Automático:** Instalar válvulas de alivio de presión/vacío con calibración y mantenimiento periódicos. **Diseño de Cubierta:** Especificar geomembranas con resistencia a la tracción y UV adecuadas para la región.

Cuadro 9

5.1 Aseguramiento de la Calidad y Longevidad

Es vital la Durabilidad (Longevity) y el Mantenimiento Predictivo.

1. **Programa Inspección de la Geomembrana:**
   ◦ Inspección Visual (Anual): Enfocada en la línea de anclaje, área de flotación y puntos de tensión.
   ◦ Inspección por Fuga Eléctrica (Cada 5 años): Utiliza un sistema de detección de fallas de tierra (spark test) para localizar microperforaciones que no son visibles a simple vista.

Foto 20

2. **Mantenimiento del Biogás:**
    ◦ Limpieza de Condensados (Semanal/Diaria): El vapor de agua se condensa; si no se drena de las trampas, puede ahogar las líneas de gas o corroer los equipos.
    ◦ Recambio de Filtros: Programar el reemplazo de los medios de desulfurización química (si aplica) según la concentración de H_2S medida por el analizador en línea (IoT), no por un calendario fijo.

- Purgar filtros de humedad cada ves que sea necesario se recomienda una ves por semana.
- Tomar medición de biogás diaria o al menos una vez por semana.

Foto 21

3. **Gestión del Lodo Acumulado:**
    - Incluir procedimientos para la medición de la altura del lodo inerte (lodos sedimentados, arena) en el fondo de la laguna. La acumulación excesiva reduce el volumen activo y el TRH. Es necesario presupuestar el retiro de lodos cada 5 a 10 años, dependiendo del diseño, verificar man-

ual de mantenimiento de constructor.

4. **Cercas y entradas:**
    ◦ Revisión de cercas y entradas, revisar de posibles rupturas de la malla o cerca para evitar introducción de animales o personas no autorizadas.
    ◦ Señalización limpia y visible esta debe de ser revisada diariamente que este en su lugar de señalización.
    ◦ Señalización de flujo en tuberías tanto de biogás como de efluentes, mantenerlas limpias y en buen estado.

Foto 22

5. **El Quemador:**
    ◦ Revisión diaria del encendido y limpieza de este
    ◦ Limpieza interna del quemador, extremar precaución de tener cerrada válvula de flujo cerrada a este que se encuentre en modo de seguridad.

6. **Revision de válvulas:**
    ◦ Revisión de válvulas que este en buen funcionamiento que abran y cierren.

Foto 23

5.2 Las nuevas regulaciones ambientales

La NOM-001-SEMARNAT-2021: El Nuevo Imperativo Ambiental

La implementación de un sistema de biodigestión dejó de ser solo una opción de eficiencia energética para convertirse en una **necesidad regulatoria crítica** en el sector agropecuario mexicano, especialmente para las operaciones de gran escala.

La **Norma Oficial Mexicana NOM-001-SEMARNAT-2021**, publicada el 24 de junio de 2022 y con entrada en vigor escalonada, sustituyó a la NOM-001-SEMARNAT-1996. Esta actualización establece los **Límites Máximos Permisibles (LMP)** de contaminantes en las descargas de aguas residuales vertidas a cuerpos receptores nacionales (ríos, lagos, mares, etc.) y es fundamental por tres razones:

1. **Límites más Estrictos:** La nueva norma impone reducciones significativas en los límites permisibles de contaminantes clave como la **Demanda Química de Oxígeno (DQO)**, la **Demanda Bioquímica de Oxígeno (DBO$_5$)** y los **Sólidos Suspendidos Totales (SST)**.

Estos nuevos límites son mucho más rigurosos que los de la norma anterior.

2. **Motor de la Biodigestión:** El efluente líquido (digestato) de un biodigestor, al haber pasado por el proceso de digestión anaerobia, presenta una **reducción sustancial** de hasta el 85% de la DQO/DBO con respecto al estiércol crudo.

Por lo tanto, el biodigestor tipo laguna cubierta se consolida como la tecnología base para que las granjas cumplan con la **pre-limpieza** necesaria antes de cualquier tratamiento terciario, evitando así multas y clausuras de la CONAGUA.

3. **Monitoreo y Reporte:** La norma exige procedimientos más detallados de muestreo y análisis, elevando la necesidad de contar con sistemas de tratamiento fiables y con registros de desempeño consistentes.

Cuadro 10

Contaminante Clave	Impacto de la NOM-001-SEMARNAT-2021	Rol del Biodigestor
DBO_5 / DQO	Límites más bajos requieren mayor remoción de materia orgánica.	**Remoción primaria de materia orgánica.** El proceso anaerobio es el paso más costo-efectivo para reducir la carga orgánica.
Sólidos Suspendidos Totales (SST)	Límites más estrictos para evitar la acumulación de lodos en cuerpos de agua.	El **separador de sólidos** y la digestión convierten los SST en biogás y digestato estabilizado.

5.3 Evolución de Valorización del Biogás

Del Quemador a la Generación de Biometano (BioGNV)

En el manual establece la utilización del biogás para la obtención de **energía eléctrica** a través de motogeneradores y la mención de un **quemador** como elemento de seguridad para la quema de excedentes o en caso de paro.

Sin embargo, la evolución de los mercados energéticos ha posicionado al **Biometano** (Gas Natural Renovable o BioGNV) como el producto de mayor valor añadido derivado de la digestión anaerobia.

El biogás es una mezcla de gases donde el **Metano (CH4)** es el componente de valor energético (típicamente 50-75%), mientras que el **Dióxido de Carbono (CO2)** es el principal inerte (25-50%).

Además, contiene **contaminantes** traza, siendo el más problemático el **Sulfuro de Hidrógeno (H2 S)**.

La producción de **Biometano** requiere un proceso de **purificación (Upgrading)** que eleve la concentración de CH4 a niveles superiores al **90-97%**, volviéndolo compatible con las especificaciones del gas natural convencional.

Componente Clave	Proceso de Purificación Requerido	Impacto en la Valorización
Sulfuro de Hidrógeno (H_2S)	**Desulfurización** (Química o Biológica).	Su remoción es obligatoria. El H_2S es corrosivo para equipos (motogeneradores, calderas) y tóxico, además de oxidar las celdas de combustible.
Dióxido de Carbono (CO_2)	**Separación** (Membranas, *Scrubbing* de Agua o Química).	Su eliminación aumenta el poder calorífico del gas remanente (Biometano) y lo hace apto para la inyección a la red o su uso vehicular.
Vapor de Agua (H_2O)	**Secado y Enfriamiento.**	Su remoción previene la corrosión y el congelamiento, y es clave para el transporte y compresión del Biometano.

Cuadro 11

Opciones de Purificación (*Upgrading*)

Los proyectos de alta rentabilidad se centran en las siguientes tecnologías para separar el CO_2 y el CH_4 :

- **Absorción con Agua a Presión (*Water Scrubbing*):** El CO_2 se disuelve en agua a alta presión, dejando un gas enriquecido en CH_4. Es una tecnología madura y sencilla.

- **Membranas:** Utiliza membranas semipermeables que separan el CO_2 de las moléculas de CH_4 por diferencia de tamaño. Es eficiente y tiene una baja huella de consumo energético.

- **Adsorción por Oscilación de Presión (PSA):** El CO_2 es atrapado en materiales sólidos (carbón activado o zeolitas) a alta presión y liberado a baja presión.

La inversión en **Upgrading** se justifica por el alto precio que el Biometano alcanza en comparación con la electricidad de autoconsumo, abriendo la puerta a mercados de **Gas Natural Vehicular (BioGNV)** o la **inyección directa a la red nacional de gas**.

Foto

5.5 Automatización avanzada y Tecnologías 2026

Monitoreo Digital y Sensores (IoT): El Cerebro del Biodigestor

En la actualidad, la operación de un biodigestor de alto rendimiento ya no puede depender únicamente de muestreos manuales y mediciones esporádicas.

La implementación de la **Digitalización y Automatización** es un componente esencial de la **Agricultura** y transforma el biodigestor tipo laguna en un **Reactor Biológico Inteligente**.

La integración de sensores (IoT - *Internet of Things*) permite la toma de decisiones en **tiempo real**, reemplazando las correcciones reactivas por estrategias de optimización predictiva.

El objetivo es mantener el proceso dentro de la ventana operativa óptima para la máxima producción de metano y prevenir fallos del sistema antes de que ocurran.

Cuadro   12

Parámetro Crítico	Sensor / Tecnología IoT Recomendada	Impacto Operativo de la Digitalización
Temperatura (°C)	Sondas Sumergibles (PT100) con registro de datos continuo.	Asegura la operación en régimen **Mesofílico o Termofílico**; es clave para evitar choques térmicos y medir la eficiencia de los sistemas de calentamiento.
pH y Potencial Redox (ORP)	Electrodos de pH/ ORP sumergidos en línea o por muestreo automatizado.	**Alerta temprana de Acidificación.** Una caída brusca de pH es el primer signo de acumulación de Ácidos Grasos Volátiles (AGVs) y de inestabilidad del proceso.
Composición del Biogás	Analizadores Infrarrojos (IR) en línea (CH_4, CO_2 y H_2S).	Mide la **Calidad y Cantidad** del biogás. Permite ajustar la dosificación del influente para maximizar el porcentaje de **Metano (CH_4)** y verificar la eficiencia de los sistemas de limpieza de H_2S.
Caudal de Influente y Efluente	Flujómetros Ultrasónicos o Magnéticos en tuberías de alimentación.	Garantiza la **Carga Orgánica Volumétrica (COV)** correcta y constante; es indispensable para calcular el **Tiempo de Retención Hidráulica (TRH)** real.

La información recopilada por estos sensores se envía a una **Plataforma Centralizada (SCADA o *Cloud-based*)** , permitiendo al operador visualizar el estado de salud del biodigestor desde cualquier dispositivo conectado.

Control Automático de la Alimentación y Dosificación

La variabilidad en la composición del estiércol agropecuario es una fuente constante de inestabilidad.

Los sistemas de biodigestión de última generación incorporan la automatización para mitigar este riesgo.

1. Sistemas de Dosificación y Carga Orgánica (COV)

El enfoque pasa de la alimentación por lotes (una vez al día) a la **Alimentación Continua o Semicontinua** a través de bombas de velocidad variable controladas electrónicamente.

- **Lógica de Control:** El sistema recibe los datos en tiempo real (por ejemplo, producción de biogás, pH, o porcentaje de CH_4) y ajusta automáticamente el volumen de influente bombeado al biodigestor para mantener la **COV óptima**. Si la producción de metano cae, el sistema puede reducir la alimentación de forma preventiva.

- **Gestión de Inventarios:** Los sensores en las fosas de mezclado y almacenamiento miden el nivel de estiércol y agua, optimizando la mezcla de dilución y asegurando que se mantenga la **Relación Sólidos Totales (ST)** ideal para el reactor.

2. Inyección Controlada de Aditivos (Estrategia C:N y Micronutrientes)

Como se mencionó en la sección anterior, la adición de oligoelementos (Níquel, Cobalto) o la corrección de pH son técnicas cruciales para mantener la metanogénesis.

- **Automatización de Micronutrientes:** Un sistema automatizado dosifica las microdosis necesarias de oligoelementos **solo cuando los parámetros del proceso lo indican** (por ejemplo, si el H_2S es bajo, pero la producción de metano es deficiente, lo que sugiere una limitación nutricional).

- **Control del Equilibrio C:N:** Si la co-digestión es parte de la estrategia, la automatización puede mezclar diferentes sustratos (estiércol porcino con un residuo rico en carbono) en proporciones precisas para garantizar la **Relación C:N** ideal (típicamente entre 20:1 y 30:1), maximizando la eficiencia sin causar inhibición por amonio o AGVs.

La **Digitalización y Automatización** del biodigestor no es un gasto, sino una **inversión** que se amortiza rápidamente gracias a una mayor estabilidad operativa, un incremento directo en la producción de biogás y la reducción de la intervención manual y los riesgos de falla.

Permite al productor agropecuario gestionar su activo energético con la misma precisión que cualquier otra instalación industrial.

CONCLUSIÓN
El Despertar de la Soberanía Energética Rural

La construcción de un biodigestor tipo laguna no debe entenderse únicamente como una obra de infraestructura ni como un sistema avanzado de gestión de residuos.

En su esencia más profunda, representa una **decisión estratégica de soberanía operativa**. Al aplicar la ingeniería desarrollada en este volumen, el productor agropecuario deja de ser un actor pasivo frente a la crisis energética y ambiental para convertirse en **gestor directo de su propio sistema energético**.

A lo largo de este libro hemos transitado desde la comprensión zootécnica de la biomasa hasta el rigor del cumplimiento normativo y la precisión constructiva que exige la ingeniería moderna. El mensaje es inequívoco: la "basura" no existe.

Existen flujos de materia orgánica con potencial energético latente, cuya liberación depende exclusivamente de un diseño correcto, una ejecución disciplinada y una operación responsable. El biogás, y su evolución hacia el biometano, materializan el paso de un modelo de gasto lineal a uno de **bioeconomía circular**, donde el efluente estabilizado retorna a la tierra como fertilizante, cerrando un ciclo productivo técnica y ambientalmente viable.

Este segundo volumen de *Horizontes Renovables* establece las bases de una tecnología que hoy representa una ventaja competitiva clara, pero que en el corto plazo se convertirá en un **estándar obligatorio de permanencia industrial**.

La tecnología está probada, los métodos de cálculo están definidos y el marco regulatorio es explícito. En este punto, la variable crítica ya no es la viabilidad técnica del sistema, sino la **capacidad de liderazgo y visión estratégica** del lector para anticiparse a un cambio estructural irreversible.

La transición energética del sector agropecuario no es una proyección teórica, es un proceso en curso. La biomasa —la auténtica *Joya del Agro*— se consolida como uno de los pilares energéticos del futuro inmediato. Con el conocimiento técnico aquí expuesto, el siguiente paso deja de ser conceptual para convertirse en **constructivo**.

El futuro energético se edifica con decisiones precisas, disciplina operativa y metros cúbicos correctamente diseñados.

El momento de construir es ahora.

GLOSARIO TÉCNICO

Acetogénesis. - Etapa microbiológica donde los Ácidos Grasos Volátiles (AGV's) y los alcoholes formados en la Acidogénesis, son degradados a acetato, gas carbónico e hidrogeno principalmente, por medio de bacterias fermentativas.

Acidogénesis. - Etapa microbiológica donde los aminoácidos, ácidos orgánicos y azúcares producidos en la Hidrólisis, son transformados a alcoholes, dióxido de carbono, hidrógeno y ácidos grasos volátiles (AGV's), mediante microorganismos fermentativos o por oxidantes anaerobios.

Ácido sulfhídrico. - Acido inorgánico formado por la disolución y disociación en agua del sulfuro de hidrógeno (H_2S). En estado gaseoso se le conoce con el nombre de sulfuro de hidrógeno.

Acuífero. - Cualquier formación geológica por la que circulan o se almacenan aguas subterráneas, que pueden ser extraídas para su explotación o aprovechamiento.

Aguas Subterráneas. - Agua que se encuentra en el subsuelo, en formaciones geológicas parcial o totalmente saturadas.

Biogás. - Gas producto de la descomposición de la materia orgánica en ausencia de oxígeno por acción directa de bacterias metanogénicas. Está compuesto básicamente de gas metano, bióxido de carbono, ácido sulfhídrico, nitrógeno e hidrogeno, entre otros.

Biodigestión anaerobia. - Proceso bioquímico de fermentación microbiana de sustancias orgánicas en ausencia de oxígeno.

Biodigestor Tipo Laguna.- Elemento que permite la descomposición anaeróbica de la materia orgánica y la formación de biogás.

Carga del biodigestor.- Proceso de alimentación de excretas o estiércol.

Caseta de seguridad del motogenerador.- Construcción que protege a la instalación eléctrica y equipos de aprovechamiento energético del biogás.

Cerca perimetral.- Elemento de protección colocado alrededor de la instalación del biodigestor y sus periféricos.

Corona.- Parte superior y plana del biodigestor.

Especificaciones Técnicas.- Conjunto de elementos técnicos que regulan el diseño, construcción y operación de Sistemas de Biodigestión.

Falla Geológica.- Desplazamientos relativos de una parte de la roca con respecto a la otra, como resultado de los esfuerzos que se generan en la corteza terrestre.

Filtración.- Separación de la humedad contenida y depuración del biogás, de las trazas de ácido sulfhídrico que lo contaminan.

Filtro de retención de ácido sulfhídrico.- Sistema de depuración del biogás de las trazas de ácido sulfhídrico que lo contaminan.

Generación de energía eléctrica.- Proceso de generación de energía eléctrica mediante motogeneradores que utilizan como combustible la mezcla de gases
producido por el biodigestor.

Geomembrana.- Material sintético utilizado para cubrir la base, las paredes y la parte superior del biodigestor, con objeto de volverlo totalmente hermético y permitir las condiciones anaeróbicas necesarias para su operación.

Grado Proctor.- Grado de compactación de los materiales.

Hidrólisis.- Reducción de biopolímeros de gran contenido molecular como polisacáridos, lípidos y proteínas a moléculas más sencillas como azucares simples, ácidos orgánicos y aminoácidos, por acción de enzimas producidas por microorganismos aerobios facultativos, en presencia de agua.

Infiltración.- Penetración de un liquido a través de poros o intersticios de un suelo, subsuelo o cualquier material natural o sintético.

Instalación Eléctrica.- Conjunto de elementos que conducen, distribuyen, y utilizan la energía eléctrica.

Kilowatt.- Unidad de potencia eléctrica, equivalente a 1, 000 Watts.

Kilowatt-hora.- Unidad de Energía Eléctrica, equivalente a un Kilowatt en una hora, igual a 3,600 joules.

Laguna secundaria.- Elemento para recepción y almacenaje transitorio de los afluentes del biodigestor.

Manual de Operación.- Documento que describe las diferentes actividades involucradas en la operación del sistema de biodigestión anaeróbica.

Medidor de flujo de biogás.- El instrumento utilizado para cuantificar el volumen de biogás que fluye del biodigestor hacia el quemador al motogenerador.

Metanogénesis.- Etapa final del proceso de biodigestión anaeróbica que implica la conversión de compuestos simples de carbono en metano por la acción de bacterias metanogénicas.

Monitoreo Ambiental.- Conjunto de acciones para la verificación periódica del grado de cumplimiento de los requerimientos establecidos para evitar la contaminación ambiental.

Motogenerador eléctrico.- Dispositivo electromecánico generador de energía eléctrica utilizando el biogás como combustible.

Quemador.- Sistema para llevar a cabo la combustión completa del metano, que es generado en el Biodigestor.

Remoción de lodos.- Procedimiento empleado para descargar el biodigestor de los sólidos asentados en el proceso.

Seguridad.- Protocolo de procedimientos a seguir y equipos a instalar, para evitar accidentes durante la operación del sistema de biodigestión anaeróbica.

Sistema de recolección de excretas.- Sistema de tuberías instalado para conducir las excretas de cada edificio al biodigestor.

Sistema de calentamiento del biodigestor.- Intercambiador de calor que permite inyectar calor al sistema, para mantener una temperatura apta para la producción de biogás.

Sistema de agitación y extracción de lodos.- Conformado por una bomba conectada a un cabezal al que están interconectadas las tuberías del sistema de agitación y expulsión de lodos, que provoca turbulencia en todos los espacios de la fosa del biodigestor.

Sistema de colección de biogás.- Sistema que colecta el biogás dentro del biodigestor y lo conduce hacia el sistema de manejo de gases.

Sistema de manejo de gases.- Equipo que seca, presuriza y cuantifica volumétricamente el flujo del biogás que sale del biodigestor y va hacia el quemador y lo al motogenerador de energía eléctrica.

Sistema de medición de gases.- El instrumento utilizado para cuantificar el volumen de biogás que fluye del biodigestor hacia el quemador o al motogenerador.

Sistema de condensación de humedad.- Sistema que retira la humedad contenida en el biogás.

Talud.- La inclinación de las paredes de la excavación del biodigestor, con respecto al suelo.

Termofusión.- Fenómeno de soldado térmico de la geomembrana.

Vida útil.- Periodo de tiempo en el que un sistema proceso o material es capaz de dar el servicio para el que fue diseñado, construido o fabricado.

ANEXOS

Anexo 1.- Ejemplo de la estimación de producción de excretas dentro de las Unidades Productivas Como referencia, se presenta un ejemplo de una granja porcina, cuya población animal se encuentra conformada de la siguiente manera.

Cuadro 1

Etapa	Tipo de Cerdo	Población Porcina	(%) por Etapa
Reproducción	Hembras Lactantes	80	2
	Hembras Gestantes	410	8
	Hembras Secas	68	1
	Número de Vientres	558	11
	Sementales	3	0
	Lechones	595	11
	Subtotal	1,156	22
Cría	Destetes	1,200	23
	Subtotal	1,200	23
Finalización	Crecimiento	1,915	36
	Finalización	1,000	19
	Subtotal	2,915	55
Total Población Porcina		5,271	100

Como primer paso, se deben de considerar los pesos promedio de los cerdos para cada una de las etapas con las que cuenta la granja. Para este ejercicio, se consideraron los siguientes datos:

Etapa	Tipo de Cerdo	Población Porcina	Peso Promedio (Kg)
Reproducción	Hembras Lactantes	80	191
	Hembras Gestantes	410	182
	Hembras Secas	68	150
	Número de Vientres	558	
	Sementales	3	163
	Lechones	595	2.7
	Subtotal	1,156	
Cría	Destetes	1,200	14.6
	Subtotal	1,200	
Finalización	Crecimiento	1,915	40
	Finalización	1,000	77.5
	Subtotal	2,915	
Total Población Porcina		5,271	51.94

Cuadro 2

Con estos datos y utilizando factores de tasas diarias de excreción por etapa, es posible determinar la producción de excretas generadas diariamente por animal por etapa.

Para lo anterior se utiliza la siguiente formula.

Pee = PAE * TDE

Donde:

PEe: Producción Diaria de Excretas por cerdo por etapa (Kg/día-animal) PAE: Peso del animal por Etapa de desarrollo (Kg/animal) TDE: Tasa Diaria de Excreción por etapa (%)

Aplicando la fórmula para cada etapa, se obtienen los siguientes resultados:

Tipo de Cerdo	Peso (Kg)	Tasa diaria de excreción por etapa (% Peso Vivo)	Producción Diaria Excretas por Cerdo por etapa (Kg)
Hembras Lactantes	191	8.08%	15.43
Hembras Gestantes	182	3.35%	6.10
Hembras Secas	150	5.04%	7.56
Sementales	163	2.93%	4.78
Lechones	2.70	9.00%	0.24
Destetes	14.6	8.60%	1.26
Crecimiento	40	7.11%	2.84
Finalización	77.5	6.95%	5.39

Cuadro 3

Conociendo la producción diaria de excretas por cerdo por etapa, se procede a calcular la producción diaria total de excretas por etapa dentro de la granja. Bajo este contexto, se puede establecer la siguiente relación:

PDT = PE * PAT

PDT: Producción Diaria Total de Excretas por etapa (Kg/día) PE: Producción Diaria de Excretas por etapa (Kg/día-animal) PAT: Población Animal (# Animales por Etapa)

Por último, se procederá a realizar la sumatoria de la producción total de excretas por etapa, para obtener la cantidad total generada en la granja. Lo anterior se podrá determinar de la siguiente manera.

PEU = ΣPDT

Donde:
PTU: Producción Diaria Total de Excretas en la Unidad Productiva. Para este ejemplo, los datos resultantes fueron los siguientes:

Cuadro 4

Etapa	Tipo de Cerdo	Población Porcina	Producción Diaria Excretas por etapa (Kg)	Producción Diaria Total por etapa (Kg)
Reproducción	Hembras Lactantes	80	15.43	1,234.40
	Hembras Gestantes	410	6.10	2,501.00
	Hembras Secas	68	7.56	514.08
	Número de Vientres	558		4,249.48
	Sementales	3	4.78	14.34
	Lechones	595	0.24	142.80
	Subtotal	1,156		157.14
Cría	Destetes	1,200	1.26	1,512.00
	Subtotal	1,200		1,512.00
Finalización	Crecimiento	1,915	2.84	5,438.60
	Finalización	1,000	5.39	5,390.00
	Subtotal	2,915		10,829
	GRAN TOTAL	5,271		16,747

Como puede observarse, una granja de ciclo completo, con un inventario total de 5,271 cerdos, producirá diariamente, aproximadamente 16,747 Kg de Excretas (16.7 Ton). Sin embargo, como se mencionó anteriormente, esto se sujetará a diversos factores, como sistemas de producción, confinamiento, alimentación y tipos de unidades.

Anexo 2.- Ejemplos de Concentraciones de Compuestos Inhibidores del proceso de digestión anaerobia

Cuadro 5

Concentración inhibidora de metales pesados en procesos anaerobios		
Compuesto	Concentración Necesaria (mg/l)	Concentración Inhibidora (mg/l)
Cobre (Cu)		>40
Cadmio		>150
Zinc		>150
Niquel	0.006 - 0.5	>10
Plomo	0.02 - 200	>300
Cromo III	0.005 - 50	>120
Cromo IV		>110

Cuadro 6

Concentración de Antibióticos con potencial de inhibir producción de biogás	
Compuesto	Concentración Inhibidora (mg/l)
Bacitracina	100
Lasalocid	100
Monensina	8
Tisolina	100
Virgianimisina	50
Furazolidona	200

Anexo 3: Límites Máximos Permisibles de emisión a la atmósfera de Humos, Partículas Suspendidas Totales, Bióxido de Azufre y Óxidos de Nitrógeno.

Cuadro 7

Capacidad del Equipo de Combustión (Mj/h)	Tipo de Combustible Empleado	Densidad del Humo Número de mancha u opacidad	Partículas (PST) mg/m3 (Kg/10⁶Kcal)			Bióxido de Azufre ppm V (Kg/10⁶Kcal)			Óxidos de Nitrógeno ppm V (Kg/10⁶Kcal)			Exceso de Aire Combustión % Volumen
			ZMCM	ZC	RP	ZMCM	ZC	RP	ZMCM	ZC	RP	
Hasta 5,250	Combustóleo o gasóleo	3	NA	NA	NA	550 (2.04)	1,100 (4.08)	2,200 (8.16)	NA	NA	NA	50
	Otros Líquidos	2	NA	NA	NA	550 (2.04)	1,100 (4.08)	2,200 (8.16)	NA	NA	NA	
	Gaseosos	0	NA	NA	NA	NA	NA	NA	NA	NA	NA	
De 5,250 a 43,000	Líquidos	NA	75 (0.106)	350 (0.426)	450 (0.568)	550 (2.04)	1,100 (4.08)	2,200 (8.16)	190 (0.507)	190 (0.507)	375 (1.0)	40
	Gaseosos	NA	NA	NA	NA	NA	NA	NA	190 (0.486)	190 (0.486)	375 (0.959)	
De 43,000 a 110,000	Líquidos	NA	60 (0.805)	300 (0.426)	400 (0.568)	550 (2.04)	1,100 (4.08)	2,200 (8.16)	110 (0.294)	110 (0.294)	375 (1.0)	30
	Gaseosos	NA	NA	NA	NA	NA	NA	NA	110 (0.281)	110 (0.281)	375 (0.959)	
Mayor de 110,000	Sólidos	NA	60 (0.090)	250 (0.375)	350 (0.525)	550 (2.16)	1,100 (4.31)	2,200 (8.16)	110 (0.309)	110 (0.309)	375 (1.052)	25
	Líquidos	NA	60 (0.085)	250 (0.355)	350 (0.497)	550 (2.04)	1,100 (4.08)	2,200 (8.16)	110 (0.234)	110 (0.234)	375 (1.0)	
	Gaseosos	NA	NA	NA	NA	NA	NA	NA	110 (0.281)	110 (0.281)	375 (0.959)	

INDICE

1. Presentación
2. Clasificación
3. Especificaciones
4. Dimensionamiento del Sistema de Biodigestión
4.1.1 Determinación de Biomasa
4.1.2 Determinación de Flujo Volumétrico del influente
4.1.3 Características Físicas, Químicas y Biológicas del Influente
4.1.4 Aspectos Geográficos
4.1.5 Selección Tiempo de Retención Hidráulica
4.1.6 Volumen del Biodigestor
4.1.7 Cálculo de la Producción de Biogás
4.2 Construcción del Sistema de Biodigestión
4.2.1 Ubicación
4.2.2 Separador de Sólidos
4.2.3 Fosa de Mezclado
4.2.4 Obra Civil del Biodigestor
4.2.5 Sistema de Tuberías
4.2.6 Sistema de Agitación
4.2.7 Colocación puntos de muestreo
4.2.8 Colocación de Geomembrana
4.2.9 Medidores de Biogás
4.2.10 Filtro de retención de Ácido Sulfhídrico
4.2.11 Quemador de Biogás
4.2.12 Instalaciones Eléctricas
4.2.13 Efluentes
4.3 Medidas de Seguridad
4.3.1 Restricción del Acceso
4.3.2 Cerco Perimetral
4.3.3 Ubicación del Quemador
4.3.4 Señalizaciones
4.3.5 Seguridad en el Sistema de Tuberías
4.3.6 Instalación de Válvulas de Alivio

4.3.7 Prevención y control de incendios

4.3.8 Equipos de Protección Personal y Seguridad Personal

4.3.9 Caseta de seguridad planta energía eléctrica

4.3.10 Motogenerador

5 Gestión de Riesgos en el Diseño y Operación

5.1 Aseguramiento de la Calidad y Longevidad

5.2 Las nuevas regulaciones ambientales   5.3 Evolución de Valorización del Biogás

5.5 Automatización avanzada y Tecnologías 2026

6 Anexos

7. Definiciones

8. Bibliografía